LETTRES

A M. RAMON DE LA SAGRA

sur

L'UTOPIE DE LA PAIX

par

M. FERDINAND E. A. GASC.

SE TROUVE

A Paris,   LEDOYEN, Palais-National, Galerie vitrée, 31
A Bruxelles, A. DECQ, rue de la Madeleine
A Londres, E. WARD, 54, Paternoster row

1851

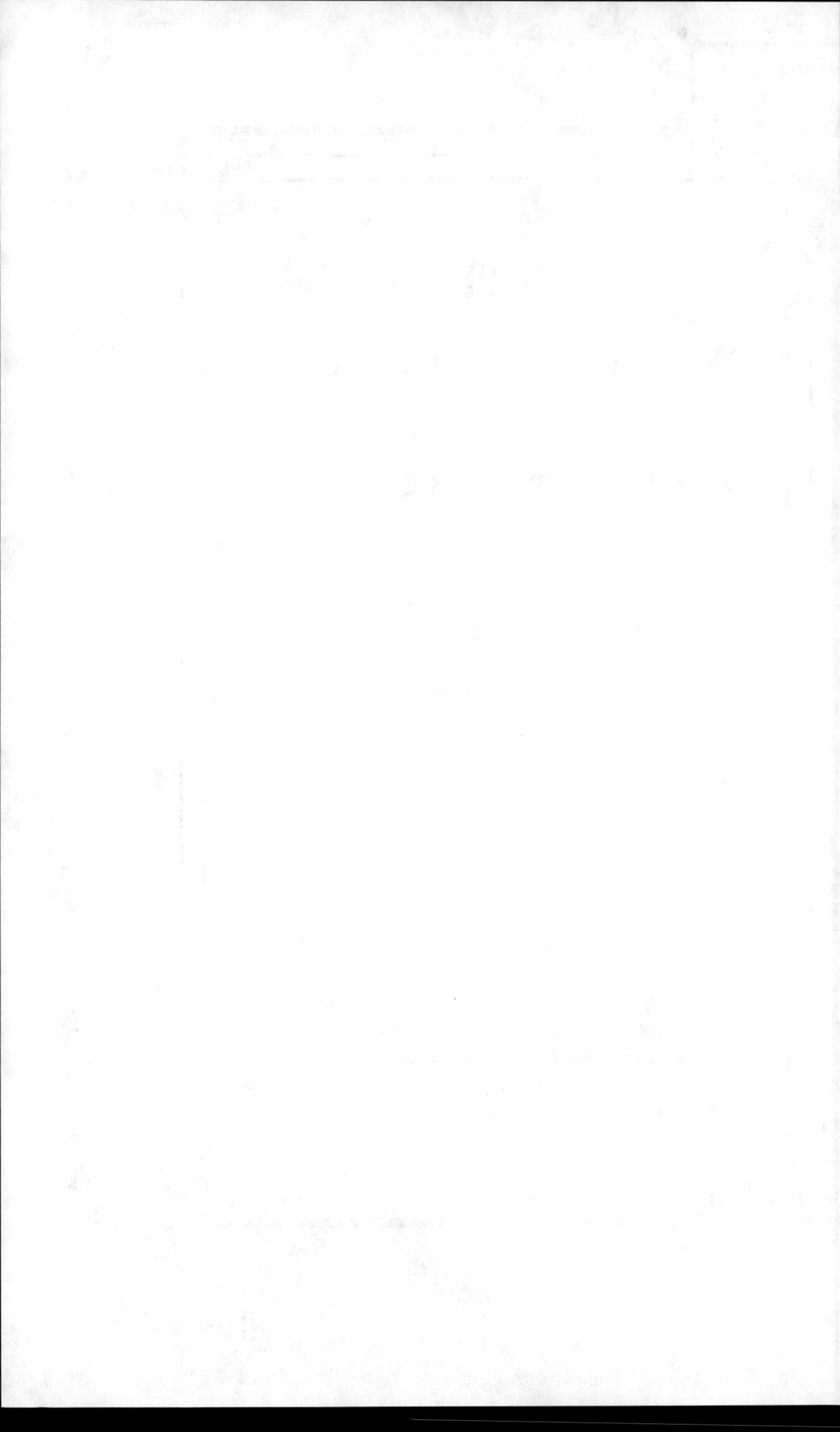

LETTRES

A M. RAMON DE LA SAGRA

sur

L'UTOPIE DE LA PAIX

par

M. FERDINAND E. A. GASC.

SE TROUVE

A Paris,   LEDOYEN, Palais-National, Galerie vitrée, 31
A Bruxelles, A. DECQ, rue de la Madeleine
A Londres, E. WARD, 54, Paternoster row

1851

« Semper de pace audiendum putavi, semperque dolui non modo pacem, sed orationem etiam civium pacem efflagitantium repudiari...; semperque mea consilia, pacis et togæ socia, non belli atque armorum fuerunt.....

Nam et in hoc ordine, integra re, multa de pace dixi, et in ipso bello eadem etiam cum capitis mei periculo sensi. »

CICÉRON, pro *Marcello*; an 25 avant *Jésus-Christ*.

« La guerre est nécessaire pour garantir et conserver l'ordre social. »

M. RAMON DE LA SAGRA, *Utopie de la Paix*, p. 5; an 1848 de l'ère chrétienne.

LETTRE I.

Londres, 1851.

Monsieur,

Vous avez publié un pamphlet intitulé : *Utopie de la paix* (Paris, 1849), à l'occasion du Congrès des amis de la paix à Bruxelles. J'ai lu cette brochure sans prévention, y cherchant plutôt une pensée qu'une occasion de chicane, avec la réserve qu'impose au jugement toute question importante soumise à la critique d'un écrivain connu.

Il en est d'un auteur fourvoyé comme d'un mari dupé : il est presque toujours le dernier instruit de ce qui l'intéresse avant tout autre; souvent même l'ignorerait-il éternellement sans un avis officieux. Pareil à l'amour conjugal lorsqu'il n'est pas jaloux, l'amour-propre, incrédule autant qu'aveugle, a également besoin de preuves palpables. Je vous dirai, monsieur, qu'après un examen consciencieux, j'ai acquis la conviction que vous avez fait fausse route, et je vais essayer de vous réfuter.

Un mot d'excuse auparavant sur le retard apporté dans cette discussion. J'ai été indifférent jusqu'à ce jour, voilà mon tort; je le confesse et je m'en repens : car au bout du compte j'estime votre plume, monsieur, et je n'aime pas la voir au service d'une mauvaise cause. Maintenant que le Congrès des amis de la paix est près d'ouvrir à Londres sa séance annuelle, plus belle, selon les conjectures, cet été que les précédents, je me reprocherais de la laisser passer comme les autres sans faire tous mes efforts pour vous disposer à recevoir votre part de ses bienfaits.

Vous traitez, monsieur, une question capitale, la plus calamiteuse si elle n'était la plus féconde en progrès, avec le respect dû à elle-même et à ses promoteurs. Vous employez le plus souvent le langage du raisonnement au lieu du sarcasme, courage que beaucoup ne se sont pas senti.—Ils rient et pensent être bien sages.—En cela je n'ai qu'à vous complimenter (malgré votre abus intermittent, involontaire sans doute, du sérieux). C'est quelque chose de ne pas pécher par la forme; mais hâtons-nous d'arriver au fond.

Vous dites : « Tout le monde est d'accord sur les avantages de la paix; mais elle ne régnera que lorsque vous aurez créé l'ordre et l'harmonie. La paix n'est pas un principe, elle n'est qu'une conséquence de l'ordre social. »

Cette première objection au désarmement général et simultané nous enclave dans un cercle vicieux.

Comment, je vous le demande, créerez-vous l'ordre et

l'harmonie au milieu des armées permanentes? N'engendrent-elles pas forcément par leur existence même le désordre dans l'économie politique ?* Par leur destination ne sont-elles pas la principale, presque la seule cause d'anarchie dans le monde civil, moral et religieux ; fomentant l'antagonisme dans l'économie sociale, et substituant le despotisme du sabre à l'empire des idées « depuis l'enfance de l'humanité », comme vous le consignez fort à propos ?

Ensuite, qu'est-ce que la paix ? — Ce n'est, d'après vous, qu'une *conséquence* de l'ordre. Suivant moi, c'est un *principe* autant qu'une conséquence, le moyen aussi bien que la fin, un des éléments les plus essentiels de l'organisation rationnelle et définitive de l'ordre social. Ce principe repose sur le sacrifice momentané de l'intérêt individuel pour le bien-être général et permanent. Faire la paix pour organiser la paix, c'est logique. Faire la guerre ou rester en état de guerre pour imposer ou régler la paix, c'est illogique : c'est tourner dans le même cercle vicieux, en perpétuant la cause du désordre. C'est le règne des coups de dé, des « jeux sanglants de la force et du hasard », non celui de la pensée et du talent. La paix, enfin, par le moyen des armes ou en présence de la force armée est : ou une contradiction, un conflit incessant entre un sentiment faussé et l'obstacle qui contrarie son développement normal ; ou un contrat sans caractère, sans valeur, parce qu'il est passé sous la pression de la peur et de la défiance.

Ceux qui, dans un état, ont pour eux une armée, sont

* Voir la Statistique, après la lettre II.

ennemis (ou peuvent le devenir) de ceux qui n'ont pas d'armée. On ne saurait pactiser sûrement avec ses ennemis en vue de sa propre liberté et d'une tranquillité durable, sans exiger leur désarmement.

De même que, selon l'expression de J. J. Rousseau*, l'usage de la parole a dû précéder la formation des langues ; de même le calme dans les esprits et l'entente des peuples, des partis entre eux, la bonne foi mutuelle des contractants, le désarmement, en un mot l'état de paix moral et matériel, est nécessaire à l'établissement d'un code de la paix.

Vous dites ensuite : « Sur quoi les lois reposent-elles aujourd'hui ? Sur la force. Les tribunaux mêmes sont garantis par la force brutale, par des gens armés. Supprimez cette garantie, et il n'y aura plus de sanction aux lois. »

De deux choses l'une : ou vous admettez que les lois reposant uniquement sur la force sont justes, ou qu'elles ne le sont pas. Si vous admettez qu'elles soient justes, vous êtes conséquent lorsque vous repoussez la suppression des troupes, mais peu logique dans le sens absolu. Si vous admettez qu'elles ne le soient pas, il faut nous dépêcher de les affranchir de cette sanction inique, dégradante, de la force matérielle, pour leur en donner une autre plus sortable à la conscience et à la dignité de l'homme, et nous voilà d'accord, sans phrases, sur le désarmement.

Vous m'objecterez, je le sais, car on ne s'avoue pas vaincu aussi facilement, que, l'ordre n'étant possible que par la *foi*, par la *force* ou par la *raison*, il faut avoir dé-

* De l'inégalité des conditions.

fini la raison sociale avant d'abandonner la seule sanction de nos lois actuelles. Vous l'avez écrit, au reste, page **12** :

— « Cherchez le nouveau principe d'*ordre* qui doit remplacer l'ancienne base de croyance anéantie » (la foi) « et la base actuelle, la force brutale, et alors vous pourrez supprimer celle-ci, ou elle se détruira d'elle-même, sans introduire l'*anarchie* dans la société. »

— Ne nous méprenons pas sur la signification des termes, que l'on a altérée à dessein ; ne nous laissons pas tromper par les apparences. L'ordre social peut-il exister par la force ? — Non. L'ordre matériel n'exclut pas l'anarchie morale. La force exclut le droit et paralyse la liberté d'action ; elle est donc l'anarchie, synonyme de despotisme et d'arbitraire au point de vue invariable de l'égalité et de la justice. Renoncez à la force brutale comme moyen de faire exécuter la loi, et l'anarchie cesse ; la liberté de penser, de s'exprimer, d'agir conformément au droit naturel prend sa place. Voilà la base de l'ordre réel ; on aurait tort de la chercher autre part.

Cette vérité n'en est pas moins vraie pour ne pas être neuve ; elle n'est pas moins absolue pour être simple, pas moins éternelle parce qu'elle n'est pas encore en pratique.

La raison, sociale et politique, a pour moteur l'expérience, et pour pivot le suffrage universel. Si, en France, nous n'avions pas soumis au droit de conquête, au hasard d'une surprise, le suffrage universel lui-même, en février **1848**, il ne nous aurait pas été ravi arbitrairement et impunément depuis par représailles, la chance étant adverse. Si la force n'était pas incrustée dans nos mœurs, nous n'en serions pas à compter sur un nouveau caprice du sort pour rentrer en possession de notre droit de suffrage. En Angleterre, les cinq sixièmes de la population adulte mâle n'en seraient pas privés. Alors disparaîtrait l'anarchie morale qui règne actuellement dans l'Europe civilisée, et qui, aux yeux des hommes superficiels ou aveuglés par l'égoïsme, se disculpe, que dis-je? se glorifie en faisant appel à l'ordre matériel. La force se légitime par la force; le droit ne dominera que lorsqu'on aura renoncé à elle.

Le désarmement doit, en conséquence, nous amener directement non à l'*anarchie*, mais à l'*ordre* social. C'est en ce moment que nous sommes dans le désordre, dans l'anarchie. Vous voyez, monsieur, l'image renversée des choses. C'est le phénomène d'optique de la chambre obscure. Laissez pénétrer la lumière par une ouverture moins étroite, et vous les verrez telles qu'elles sont. *

* Comment concilier ce que vous dites ici avec ce que vous écriviez en 1848 dans un ouvrage intitulé : *Organisation du travail; questions préliminaires à l'examen de ce problème* (ouvrage que j'ai lu avec beaucoup d'intérêt, et dont j'approuve en tous points les principes économiques)? A la page 60, on lit : « M. Michel Chevalier dit que « l'économie politique suppose que » tout ce qu'il indique comme nécessaire est parce que cela » doit être, et que hors de là elle n'aperçoit que désordre et » tyrannie. » La logique déclare ce raisonnement faux : ce qu'on peut affirmer est que tout cela sera, parce que tout cela doit être, et que hors de là il n'y a que désordre et *tyrannie*. *C'est dans ce désordre et dans cette anarchie que nous nous trouvons maintenant*, parce que ce qui doit être n'est pas encore. » — Je me borne ici à citer textuellement, et à établir une comparaison sans discuter, étant moi-même de l'opinion que vous exprimiez alors.

Comment! les lois, sans la force pour *unique* sanction, en manqueraient *complétement!* — Cela n'est pas sérieux!

Pascal a spécifié dans ses Pensées (article IX, § IX de la première partie) cette UNION infrangible de la *force* à la *justice*. Ecoutons : « La justice sans la force est impuissante: la puissance sans la justice est tyrannique. La justice sans la force est contredite, parce qu'il y a toujours des méchants : la force sans la justice est accusée. Il faut donc mettre ensemble la justice et la force; et pour cela faire que ce qui est juste soit fort, et que ce qui est fort soit juste. »

Concluons : avec le suffrage universel, expression de la volonté générale, après et par le désarmement, plus de lois sanctionnées uniquement par la force, plus de tyrannie : la justice, forte de la volonté générale, est toute-puissante. Plus de force sans justice, plus d'accusations ni de prétextes; pas de justice sans force, pas de méchants impunis; plus d'anarchie : c'est le gouvernement du droit, immuable et éternel, succédant à celui de l'arbitraire, qui change constamment de maître.

Par là, aucune institution défectueuse que l'on n'ait la faculté de corriger ou d'abolir, toujours en vue de l'intérêt général. Le pouvoir ne s'impose plus à l'aide de la détente d'un fusil : il se propose à l'opinion, seule souveraine après le droit. Celui qui refuse de reconnaître une loi passée au vote de *chacun* dans *l'intérêt* du plus grand nombre sans léser les *droits* de la minorité, et qui partant ne cède point à la raison, perd la protection de l'État; il est livré à lui-même : ses droits, comme ses intérêts légaux, demeurent intacts et sous sa propre défense; s'il trouble l'ordre social, on s'assure de sa personne. De cette manière la force matérielle se trouve réduite à la défensive, c'est-à-dire à sa plus simple expression. Qui donc serait assez fou pour oser violer à main armée une loi qu'un vote peut annuler ? Qui donc espérerait triompher fructueusement en se soulevant contre la majorité, au lieu de chercher à la changer ? Ce serait être aussi insensé que de vouloir commander au vent en tournant une girouette, ou régler le temps en déplaçant l'aiguille d'un cadran.

Il faut dans chaque État un corps de police bien constitué. Que les lois soient bonnes ou mauvaises, la volonté qui les a faites les conservera ou les modifiera; elles seront toujours assez bonnes relativement en tant que l'on conviendra de les garder; elles n'auront pas besoin, pour inspirer le respect et l'obéissance, de 396,000 $+$ 40,000 soldats dans un pays comme la France. Oseriez-vous sincèrement affirmer le contraire ?

Écoutez maintenant un philosophe célèbre, John Locke : « L'absence d'un juge commun investi d'autorité réduit tous les hommes à l'état de nature. La force sans le droit, d'un homme sur un autre, constitue *l'état de guerre*, qu'il y ait ou non un juge commun.

» Mais lorsque la force matérielle n'existe plus, l'état de guerre cesse entre les membres d'une société, qui sont également *soumis de part et d'autre à l'appréciation loyale du droit* : car alors s'offrent à eux dans l'appel un *recours* contre les injustices passées et une *sécurité* pour l'avenir. » *

Ceci conforte ce que j'ai dit plus haut, c'est-à-dire que l'appréciation loyale du droit n'est pas l'anarchie et que l'état de guerre n'est pas l'ordre véritable, et vous prouve, monsieur, que la raison sociale à la recherche de laquelle vous en êtes encore était trouvée long-temps avant vous et moi. Ce qui est vrai pour deux ou plusieurs hommes l'est d'une manière identique pour deux ou plusieurs partis, deux ou plusieurs nations, par rapport à la force et au droit. L'état de guerre, c'est le droit étouffé par la force. Neutralisez l'action de la force, la compression du droit, et celui-ci se meut à l'aise dans ses limites naturelles.

L'armée est le baromètre du despotisme. A mesure que le suffrage s'étend, l'effectif militaire doit diminuer dans la même proportion, car il est d'autant plus nombreux que le pouvoir illégal est en moins de mains. Lorsque le suffrage devient universel, cet effectif doit devenir zéro, et *vice versâ*.

—Mais alors, dira-t-on, ce désarmement, comment l'obtiendrez-vous, si l'on vous en dénie péremptoirement la concession, car on ne peut dompter l'intérêt exclusif supporté par la force qu'en lui opposant la force? — Je réponds : C'est au contraire en ne lui opposant pas la force que nous le maîtriserons. Si nous n'avons recours qu'à la résistance passive pour la revendication de nos droits, l'égoïsme finira par s'user de lui-même; il sera trop heureux d'échapper à la mort et aux suites de l'impé-

* **Essay** on civil Government, chapt. III, 19 and 20.

nitence finale, en se réfugiant dans le sein de notre nouvelle société. Il ne tardera pas à opérer sa métamorphose en intérêt légitime, et une fusion à laquelle il aura tout à gagner. A qui appartiendra l'initiative, du désarmement d'un côté, ou de l'organisation des droits, de l'autre, et à quelle époque, c'est incertain ; mais la réussite n'est pas douteuse. Plût à Dieu que chacun se persuadât qu'un tel résultat est inévitable, et qu'on se mît à l'œuvre. Ceux qui n'oseraient tenter une voie nouvelle de peur de tomber, en effectuant le désarmement, parce que, prétendent-ils, la raison humaine n'est pas préparée à une si redoutable épreuve, sont comme ces gens qui tremblent de se jeter à l'eau avant de savoir nager. L'art de se gouverner ne s'apprend que par la pratique, mère de l'expérience. Il y a commencement à tout ; plus tôt on commence à étudier, plus tôt on connaît. C'est en vain que vous vous efforceriez de nous expliquer la théorie abstraite de la perfection sur le papier : nous n'en serions pas plus avancés. Soit dit en passant, on a essayé de bien des systèmes ; on a inventé de magnifiques chimères ; on a construit un communisme sans base naturelle ; on a imaginé la *triade,* les ateliers sociaux et l'égalité des salaires, etc. ; on a fabriqué une science d'absurdités. Il faut pourtant chasser de nos cerveaux cette frénésie, pour revenir au simple bon sens, à *l'individualité.* L'entité de l'homme ; la distinction du *moi* ; ses sentiments, ses passions, ses appétits innés et indestructibles ; tout dans la nature tend à lui prescrire et à lui faire préférer ce dernier organisme social aux autres.

L'histoire contemporaine nous montre, mieux que la métaphysique, par des faits, la stérilité de la force et tous les désastres qu'elle a causés. Ne soyons pas sourds à sa voix. En partant d'un principe vrai ; on peut quelquefois s'égarer, mais en partant d'un principe faux, on ne peut jamais aboutir qu'à l'erreur.

— L'argument que vous insinuez contre l'arbitrage est habilement esquissé, mais il manque d'exactitude. Le voici : « On parle d'arbitrage entre les nations ; des délégués des nations jugeraient de tous les différends qui pourraient s'élever. Mais, pour constituer l'arbitrage, il faut une règle. Cette règle ne peut être dictée que par la force ou par la raison. Montrez-nous donc ce code humanitaire sous le point de vue de la raison , et alors tout le monde sera d'accord, et il n'y aura plus de guerre possible. Mais soumettre à l'arbitrage les grandes affaires de nation à nation , c'est utopique. Supposons qu'une contestation entre deux pays soit soumise à l'arbitrage : pour faire accepter la décision, il faudra que la force soit derrière ; car, si en faisant appel à l'arbitrage une des parties ne veut pas se soumettre à la décision de l'arbitre, quel moyen aura-t-on de faire respecter la décision ? Il faudra recourir à la force des armes. S'il n'y a pas d'armée, qui obéira? Personne. »

Je vous répète : — La raison, c'est le droit des nations, droit de l'homme plus ou moins étendu ; c'est la participation de tous au pacte social et par suite l'obéissance logique de chacun. C'est le libre arbitre, dans l'autonomie ; l'autorité de la conscience, par la responsabilité de l'initiative, responsabilité qui agit aussi sur les intérêts ; c'est l'absence de tyrannie, la puissance des lois par la *pantocratie*. — Le libre examen et la tolérance des idées en politique, comme en religion, remplaçant la foi aveugle et la force brutale : telle est et telle doit être la pierre angulaire, la clé de voûte de la société qui s'élève à côté de la nôtre en décrépitude.

Pour les nations comme pour les individus, les moyens de contrainte sont : l'isolement, la séparation du corps social, la cessation de protection et l'abandon, de la part de la société, des intérêts du membre récalcitrant ; le dernier recours contre ses excès est la défensive. — Pourquoi s'obstiner à ne reconnaître que le jeu des muscles dans les relations des hommes entre eux? Pourquoi se buter à un faux principe sans vouloir s'en départir? Je préfère mille fois le père qui, à bout de ressources morales, met son fils au pain et à l'eau, à celui qui commence par s'armer d'un bâton; et j'aime mieux voir un peuple refuser l'impôt que de donner son sang. De même ici, l'application de ce principe (le mien, le vrai, et non le vôtre) me paraissant possible, et qui plus est simple et facile, je m'en empare. — Voici comment je conçois que l'on puisse faire *respecter* pacifiquement, sans s'égorger, la décision des arbitres : —

Si le différend n'était pas réglé à la satisfaction de l'une des parties, qui empêcherait, d'abord, de résoudre ultérieurement la question jugée en première instance, par la faculté d'interjeter appel de la décision auprès d'un tribunal dont la charge serait de ratifier ou de casser les jugements du congrès? Et en cas de persistance à méconnaître le droit et la justice, pourquoi n'aviserait-on pas encore à des mesures pacifiques? Ne pourrait-on, par exemple, adopter la résolution suivante, entre autres modes prati-

ques que suggérerait la ferme détermination de ne pas
employer la violence, à savoir : qu'une coalition générale,
un *blocus continental*, et même *transatlantique* au besoin (non imposé comme en 1806, mais décrété et accepté
librement par tous les États, ce qui en assurerait la vali-
dité et par suite l'efficacité), forcera indirectement l'accomplissement de la décision? Aucun État ne pourrait s'y
opposer, de par les clauses du pacte d'arbitrage. Tous,
d'ailleurs, animés du sentiment de justice, se fourniraient
mutuellement aide et compensation en cas d'appauvrisse-
ment temporaire. Les nations ainsi coalisées feraient entre elles, en un mot, ce qu'un peuple doit faire contre un
gouvernement injuste et oppresseur, ce que l'État doit
exécuter à l'égard d'un de ses membres rebelles. Elles fer-
meraient les débouchés comme le premier refuse l'impôt,
comme le second retire sa protection et prive des avantages
que la société offre sur l'isolement. Le refus de l'impôt et
l'isolement sont la seule résistance et la seule punition légales. C'est, d'un côté, l'insurrection désarmée et légitimée; de l'autre, la puissance du droit et de la raison, qui
ne compromet ni son autorité ni sa dignité, et n'avilit pas
sa majesté jusqu'à descendre à la force matérielle. La fer-
meture des débouchés sera, si l'on peut s'exprimer ainsi,
la guerre pacifique organisée : c'est la seule protestation
légitime et efficace.

Remarquez bien ici une chose. — Si l'on se reposait
sur le sentiment de justice pur, sans l'intérêt, pour rallier
toutes les nations autour de la décision, la certitude de
l'accord général serait très contestable : car la nature humaine est ainsi ordonnée, qu'il ne peut y avoir d'harmonie

dans nos pensées, ni dans nos actions, si l'intérêt ne se
joint à la conscience, comme la force s'unit à la justice.
L'équilibre entre ces agents contraires est ce qui constitue
le mouvement régulier du rouage social. En ne tenant pas
compte de l'un ou de l'autre, on tombe dans le pessimis-
me ou dans l'optimisme, deux ennemis de la raison; ne
pas étudier leur pondération serait une faute grave chez
un homme politique.

Sans doute l'intérêt devrait nécessairement entrer en ligne de compte; pourquoi? Parce que la vapeur et l'électricité, renversant chaque jour successivement les barrières
de prohibition telles que douanes, péages, etc., conduisent
à pas de géants les différentes nations vers l'unité absolue
des grands intérêts et l'unité approximative des petits.
Toute opposition, par conséquent, toute division, toute
scission, loin d'être profitable, deviendrait nuisible aux dis-
sidents. Résister équivaudrait à vouloir partager la peine
infligée, pas autre chose. Et de plus, il faudrait supposer
que les majorités de plus d'une nation s'entendissent contre la justice établie sur le droit commun, ce qui n'est pas
admissible. A-t-on même jamais vu dans l'histoire la minorité ou seulement une portion un peu considérable d'un
pays défendre un voleur et un assassin contre les magistrats
et la loi? Et pourquoi verrait-on la minorité de la société
agir de la sorte, lorsque les lois s'appuieraient plus que
jamais sur le droit? C'est donc une appréhension illusoire.
— En outre, par cette même unité, les avantages étant
plus considérables et en plus grand nombre, le coup de
la loi pénale comportant leur privation ne se fera que mieux
sentir.

Vous m'objecterez probablement la difficulté de s'entendre. Mais si les nations s'accordent pour guerroyer, si elles lèvent des sommes énormes et recrutent des armées formidables dans cette intention, il leur sera aussi aisé, ce me semble, de percevoir des impôts, d'enrôler des soldats de la pensée pour consolider la paix, la justice, la liberté et le bien-être.

— En résumé, voilà l'unique force qu'il me tarde, comme à tous les hommes de progrès, de voir unie à la justice : punition, protestation, résistance, passives et légales. Ce n'est plus la violence brutale et sanguinaire, destructive et ignorante, de la hyène et du chacal ; c'est le mécanisme pacifique et chrétien, organisateur et intelligent, la dynamique, pour ainsi dire, du droit, de la raison humaine.

Quant à la défensive, chacun, ne pouvant s'occuper personnellement de la garde de sa propriété contre les membres d'une même nation, s'en remet de ce soin à un corps de police. Pour ce qui concerne l'agression étrangère, si cette police ne suffit pas, tout citoyen s'arme pour la défense de son foyer. Il n'y a à argumenter là-dessus ni pour ni contre : c'est l'instinct de conservation qui parle.

Mais, dira-t-on peut-être, vous vous contredites lorsque vous soutenez comme indispensable l'organisation d'une force de police, tout en repoussant comme nuisible celle d'une force militaire : car les inconvénients de l'une, lorsqu'elle sera détruite, se retrouveront dans l'autre, qui subsistera. — Permettez : je mets entre elles deux plus que la différence d'un fusil et d'un bâton de constable, ce qui serait déjà beaucoup ; je place entre elles toute la distance

du mal au bien, de l'anarchie à l'ordre En effet, comment
confondre, à moins d'être aveugle, d'un côté, des troupes
mobiles à la disposition d'un gouvernement et d'une majorité, avec la centralisation d'un commandement en chef
où celui qui l'exerce manque rarement d'abuser contre le
droit, pour son propre compte ou pour celui d'autrui, du
pouvoir étendu dont on l'a si débonnairement revêtu; et
d'un autre côté, une institution locale, décentralisée, mo-
bilisée seulement contre l'invasion, protectrice des droits,
de la liberté et de la propriété de tous, et au service de
chaque individu en particulier? Cela vaut la peine qu'on y
regarde avant de se récrier.

— J'arrive à une réflexion que vous glissez tout douce-
ment entre deux paralogismes pour flatter l'orgueil des ba-
dauds. Cette rubrique est connue, usée, et le public
trop fin pour se laisser prendre au piége. — « L'humanité, dites-vous, a vécu jusqu'aujourd'hui sous l'empire
de la force, et *toute l'humanité* ne peut être condamnée
par l'opinion de *quelques individus.* » Ce n'est pas là raisonner, en bonne conscience. Vous avez étudié l'histoire,
monsieur; et cette étude a dû vous apprendre que les écri-
vains les plus remarquables, les philosophes les plus émi-
nents, les gens de science de tous les temps et dans tous les
pays, se sont prononcés contre le système de la force. Ce
n'est pas là sûrement ce que j'appellerais *quelques individus;* et si la pacification était jadis presque impraticable,
elle n'était pas *condamnée,* pas plus que l'*humanité,* par les
juges compétents, qui n'accusaient au contraire avec raison que l'ignorance de leur époque. Voilà la vérité de l'his-

toire. On ne peut pas citer des volumes. Je vous ai cité un passage de Cicéron, qui n'était pas un des moindres penseurs de son siècle; et je vous laisse la peine, ou le plaisir, d'exhumer vous-même les autres. — Au surplus, les sectaires d'une doctrine fussent-ils en petit nombre, les détracteurs en grand nombre, ce qui arrive toujours lorsqu'une idée nouvelle se formule, qu'on n'en pourrait rien conclure ni pour ni contre elle.

Lorsque les sciences n'en étaient encore qu'à leurs premiers tâtonnements, que les masses étaient dans le plus complet abrutissement, la voix de quelques génies exceptionnels trouvait difficilement un faible écho. Ni l'imprimerie, ni la vapeur, ni l'électricité, ne servaient de véhicule à la pensée. Des lois même (lois antiques et sacrées, encore en vigueur il y a deux siècles au plus dans le nord de l'Europe) interdisaient sous peine de mort de dépasser les frontières. Un rare contact des peuples entre eux ne s'exerçait que pour attiser l'esprit de conquête. La barrière extrême, infranchissable, pour certaines nations, était la distance d'une portée de canon. A défaut d'idée c'était la force qui dominait. La gloire militaire était le seul point de mire de l'ambition, parce que les conquêtes étaient la seule source de prospérité des Etats, à leurs dépens réciproques. L'absolutisme et l'exclusion étaient l'unique principe des lois, sanctionnées par la foi d'abord, et ensuite par la force. C'était la logique, ou à peu près, des circonstances d'alors. L'économie politique reposait presqu'entièrement sur un abject esclavage; on trafiquait d'êtres humains comme on vend et achète des bêtes de somme, des machines et des instruments. Comment désarmer au

cœur d'une barbarie sustentée avec un tel soin, après
avoir partiellement réussi à étioler la science encore frêle,
sans risquer de soulever l'insurrection au dedans et la
guerre au dehors? Mais de capital fixe l'homme est de-
venu pour ses *patrons* capital circulant : il s'est loué et ne
s'est plus laissé accaparer; et de nos jours le progrès si
tardif de la science et de la civilisation a enfin soufflé le
mot d'*émancipation définitive du travailleur !* Les ja-
lons sont implantés dans le sol ; on a établi les vrais principes et du droit *au* travail et des droits *du* travail. Franchement donc *toute* l'humanité actuelle est-elle toute l'humanité d'autrefois, et vos lecteurs vous sauront-ils gré
de l'assimilation ?

En vérité, monsieur, lorsque mon regard se reporte sur
votre malheureuse page 5, je m'attends presqu'à recevoir un
cartel de votre part en guise de réplique, ce dernier cas
échéant ; et là vous auriez très probablement sur moi l'avan-
tage, car je n'ai jamais eu de goût pour l'escrime et je manque d'adresse au pistolet. « *La guerre* NÉCESSAIRE *pour garantir et conserver l'ordre social !!!*... » Mais songez-y donc,
monsieur !... Ici même vous êtes inconséquent. S'il en est
ainsi, pourquoi avoir écrit contre ces messieurs du congrès
de Bruxelles et de ceux à venir ? Vous eussiez certes été
plus logique et peut-être aussi plus heureux en fermant
vous-même les portes de la salle et en mettant les clés dans
votre poche, comme cet autre arbitre tranchant et résolu,
mais fort peu lettré, des destinées d'un peuple. Est-ce
bien vous, monsieur, membre correspondant de l'Académie des sciences morales et politiques de l'Institut de

France, de l'Académie de Bruxelles, etc. ; socialiste et écrivain de talent, qui avez pu tomber dans un tel extrême ?... Brûlez alors votre plume, monsieur, et tirez l'épée ; mais prenez garde, on périt également par les deux : lorsqu'on s'aventure trop, on finit par rencontrer son maître.

Je termine cette lettre, dans laquelle j'ai examiné vos principaux arguments. Votre conclusion est que « l'abolition des armées serait une mesure tout à fait anarchique. » Sur cela je n'ai qu'un mot à ajouter pour fixer votre esprit, que je sens encore vaciller. En effet, on lit à la page 8 :

« On a dit qu'à une autre époque il y avait des guerres de provinces. Oui, parce que chaque province était une espèce de petit royaume dont les intérêts étaient opposés à ceux des autres provinces ; mais dès qu'elles ont été fondues dans une même monarchie, la guerre ancienne est devenue inutile. Mais n'avez-vous pas vu se développer d'une manière effroyable la guerre civile, la guerre de parti à parti ? et irez-vous soumettre à un arbitrage les opinions des partis ? Evidemment non, vous ne le pouvez pas ! » — N'allons pas si vite ; examinons.

Ce qui est évident pour tout le monde, et je vous l'ai démontré, c'est que le désarmement aura pour effet direct de substituer l'idée au canon, l'épreuve vivifiante de la discussion à celle de la poudre à tuer, l'empire du droit à l'arbitraire : car, dites-moi, lorsque vous supprimez la force armée, que peut-il rester, sinon le droit intact et tout-puissant ? Comment s'usurpe le droit, si ce n'est par la force ? S'il n'y a plus de forces militairement organisées, comment usurpera-t-on les droits des masses ? Ceci étant posé et sans

réplique, vous pouvez vous rassurer sur les guerres de
parti, la discussion au lieu de la violence décidant des opinions. A moins toutefois que la guerre des idées ne vous
effraie ; pour moi elle me réjouit. Les opinions des partis
agissant désormais sur les intérêts exclusivement, et non sur
les droits reconnus, l'arbitrage international n'aura rien à
y démêler, pas plus qu'un fonctionnaire public n'intervient
dans la discussion des affaires de famille ou des intérêts
particuliers de chacun. Si les opinions tendaient à confondre les droits avec les intérêts, la raison, au lieu de la
passion qui aigrit, sondera et triera ces opinions, et en sera
l'arbitre suprême.

Ma lettre est déjà longue ; et sans la crainte de ne pas
vous satisfaire pleinement, je reculerais devant des expli-
cations qui pourraient paraître superflues. Le débat cependant n'étant qu'entre nous, je vais développer ma pensée. — Pourquoi la guerre de province à province, en de-
venant inutile, a-t-elle laissé derrière elle la guerre de
parti à parti ? Parce que quand les droits respectifs et les
intérêts opposés des castes privilégiées de ces provinces se
sont fondus ; que de différents les premiers sont devenus
communs ; les seconds, d'opposés, seulement différents :
lorsque ces castes se sont affranchies les unes des autres,
les intérêts et les droits des classes inférieures ont continué
d'être méconnus et négligés, les opprimés sont restés opprimés. Et voulez-vous savoir maintenant pourquoi il en a
été ainsi, pourquoi l'on est demeuré impunément en chemin dans l'œuvre de fusion qu'il aurait fallu compléter
par la manumission ? Uniquement parce que les usurpa-
teurs du droit avaient des armées pour soutenir leur ini-

quité, iniquité héréditaire dont nous souffrons encore à cette heure. — Toujours le vieux refrain, vous l'entendez. — Si l'on avait fondu les intérêts de *tous* et reconnu les droits de *chacun* en abolissant les armées, comment l'inégalité des conditions aurait-elle pu subsister au point qu'il devînt chaque jour plus évident que les intérêts des unes étaient diamétralement opposés à ceux des autres, et que les guerres civiles entre les habitants de ces mêmes provinces fondues en une seule monarchie devaient nécessairement se perpétuer? — Eh bien ! la guerre de parti deviendra pareillement inutile aussitôt que vous vous serez défait des armées permanentes. Car vous reconnaîtrez par là les droits de chaque individu, comme vous avez fait pour chaque province, de manière à rendre presque imperceptible dans la balance la différence de poids pour les intérêts de tous. Vous fondrez tous les intérêts, tous les droits dans la souveraineté du peuple, cette monarchie moderne seule possible après la domination absolue de la caserne. Alors on ne pourra accuser personne des variations de poids, parce que les droits seront équivalents, et que les intérêts, *différents* en poids et non plus *opposés* en nature, seront évalués au grand jour de la discussion dans une balance à plateaux égaux. La liberté illimitée de discussion, aussi bien que les autres, écarteront tout prétexte, toute tentative d'insurrection. On organisera des *meetings* au lieu de construire des barricades : les premiers exercent et fortifient la liberté, les secondes sont des autels qu'on lui élève pour l'y sacrifier ensuite à son tour.

Dans une lettre subséquente, j'achèverai, monsieur,

de vous convaincre ; peut-être, contre mon intention, vous irriterai-je davantage, et j'en serais bien fâché. Rappelez-vous que je pèse et que j'examine avant de penser à réfuter. J'aurais mauvaise grâce à prêcher la paix avec une plume querelleuse. C'est là surtout qu'on doit prêcher d'exemple : cette vertu politique convient aux Amis de la Paix. Que le congrès et ses disciples fassent en sorte qu'on puisse dire d'eux avec le poète anglais : * —

> " Thus, in his graver vein, the friendly Sage
> Sometimes declaim'd. Of Right and Wrong he taught
> Truths as refin'd as ever Athens heard;
> And (strange to tell!) he practis'd what he preach'd. "

Recevez, Monsieur, mes salutations empressées,

FERDINAND GAS

* Armstrong, *Lessons of Wisdom.*

LETTRE II.

—━━━◆◆◆◆━━━—

Monsieur,

Nous voici à cet endroit de votre ouvrage où nous lisons : — « Le Congrès est *impossible*, *absurde*, ou révolutionnaire et tout à fait *anarchique*. »

1° « Il est impossible de former un Congrès européen, parce que la base manque, c'est-à-dire le suffrage universel. »

Permettez-moi de vous dire qu'*impossible* n'est pas, à mon avis, le mot propre : *difficile* est plus exact. Mais comme je ne fais pas ici de la logomachie, que je tiens seulement à rétablir le sens des termes afin qu'il n'existe entre nous aucune équivoque sur les idées qu'ils représentent, passons outre. —

N'ai-je pas assez insisté dans ma lettre précédente sur ce que le désarmement, l'abaissement de la force devant le droit, conduisait inévitablement au suffrage universel ? N'ai-je pas précisé cette vérité, — et pardonnez-moi de

vous lo rappeler, — à savoir : que la force, cédant à l'action do la volonté, laissera prendre on même temps à la
pensée tout son essor ; que l'abolition do la force entraîne
par conséquent avec l'entier exercice de la pensée, la discussion , seul contrôle recevable do la faillibilité humaine
pour prévenir ou réprimer les écarts ; que par l'inviola-
bilité do la volonté individuelle , par l'indivisibilité de la
volonté générale, l'abolition de la violence restitue aux
lois leur sanction naturelle et rationnelle, et constitue le
pouvoir légal do les abroger, comme remède , pour revenir
des écarts de cette faillibilité? — Vous aviez pu d'abord
ne pas penser à ceci, monsieur; mais vous ne sauriez maintenant lo contredire. Vous aviez pu lo méconnaître; vous
ne sauriez lo contester.

Ou nous acquerrons le suffrage universel par le désarmement, ou nous obtiendrons lo désarmement par le suffrage universel une fois acquis (je distingue *acquérir* d'avec
conquérir) et acclimaté. Co n'est qu'une question de
temps.

Les Amis de la Paix universelle s'efforcent de hâter co
résultat ; ils font bien. Auraient-ils la sotte prétention que
vous paraissez leur imputer : celle de décréter la paix du
monde sans le consentement unanime des peuples , sans
avoir dirigé vers co but et consulté les tendances et les intérêts? Non , car ce serait lo fil électrique moins lo fluide
qui lo fait agir; ils ne l'ignorent pas.

Afin donc de posséder au plus vite le suffrage universel, indispensable à la formation d'un congrès européen,
commençons par lo désarmement. C'est là une mesure
transitoire de nécessité immédiate, quoique de second or-

dre, après laquelle nous pourrons statuer sur une mesure d'organisation primordiale et permanente : le Congrès. Il n'y a en cela rien que de très méthodique.

Si vous persistez à ne pas vouloir reconnaître dans l'abolition de la force armée une issue qui nous permet de nous échapper immédiatement de l'impasse obstruée par la restriction du suffrage, je ne sais pour vous que deux manières, l'une relative et l'autre absolue, d'être logique : — c'est : ou d'y rester embourbé et de ne plus écrire sur cette question ; ou bien encore de nous faire part de votre mode (si vous en avez un) d'acquisition du suffrage universel *plus prompte et plus assurée* que par le désarmement : votre brochure n'en parle pas. Pour moi, c'est tout un : au lieu d'avoir le suffrage universel par le désarmement, j'aurai alors le désarmement par le suffrage universel dû à vos soins expéditifs, et, en outre, le plaisir, dont vous m'avez privé jusqu'ici, de vous remercier d'une idée utile et pratique.

L'application générale de la force est la cause du retard du progrès ; mais la marche continue de l'humanité au milieu de la compression atteste sa vigueur. Si l'on refuse d'activer la guérison en détruisant immédiatement le mal à sa source, la nature agira. Les corps robustes se rétablissent d'eux-mêmes à la longue, — à la longue pour nous, mais qu'est-ce ici pour eux ?...

J'interprète ainsi votre opposition à l'abandon de la force : — Vous marchandez misérablement au progrès, à la société nouvelle, quelques minutes dans la vie de l'humanité ! C'est être vraiment peu généreux.

— Mais, me direz-vous, supposez un instant que les trois grandes puissances qui se partagent l'empire du monde civilisé, que l'Angleterre et la France abolissent leurs armées, et se joignent aux États-Unis d'Amérique afin de montrer les premières l'exemple de la formation d'un congrès européen : ne serait-il pas à craindre que les autres pouvoirs, moins disposés à l'usage de la raison qu'à celui de la force, ne tentassent une seconde invasion des Barbares? — A cela je réponds : C'est justement par l'abolition des armées que ces nations se rendront invincibles. Voilà une assertion bien paradoxale, n'est-ce pas, monsieur? — Je vais m'expliquer. —

Je soutiens que l'union fédérative des trois puissances en question, maîtresses du monde par leur intelligence, leur commerce, etc., versant leurs lumières et leurs trésors une bonne fois pour le triomphe de la liberté et du progrès de l'humanité, au lieu de consumer comme aujourd'hui ces mêmes ressources par le poison lent d'une organisation stérile, je soutiens qu'une telle union aurait pour effet incontestable d'arrêter toute pensée de guerre offensive, et cela pour deux motifs.

— Le premier est que par l'entente mutuelle, *entente cordiale* toute pratique, elles donneraient à leur défense commune un caractère de solidarité collective imposant et redoutable, en vertu de l'absence des aliments de division, des ferments de mésintelligence entre elles : les forces militaires. Plus d'espoir de les désunir après une ligue scellée d'une confiance aussi illimitée, dans un but aussi bien marqué.

L'Amérique a-t-elle des troupes? * Qui songe à l'atta-

(*) L'armée régulière *microscopique* (comme l'appelle avec raison M. Michel Chevalier) de l'Union-Américaine, se com-

quer? Qui en empêche? Est-ce la crainte des armées fran-
çaises ou anglaises? Certainement non. Et qui penserait
davantage à envahir séparément soit la France, soit l'Angleterre, désarmées, ou même à entraver leurs libertés et
leurs droits, surtout lorsque ces trois États, qui maintien-
draient collectivement et revendiqueraient au besoin ces libertés et ces droits par la politique de la raison, dictée par
l'unité des intérêts et la réciprocité des services, se défendraient de plus individuellement par la force, en dernier
ressort? — « ... *Se défendraient*, sans armée ! » inter-
rompra-t-on. — Oui, se défendraient, et d'autant mieux
que, chaque soldat étant renvoyé dans ses foyers, *tous les
citoyens*, sans exception, se verraient par là obligés, en
cas d'invasion, de défendre leur propre liberté, leur propre sol, si la police organisée pour la sûreté intérieure
n'était pas jugée suffisante.

posait en 1841 de 11,169 hommes, pour une population qui
était de 17,069,453 habitants (1840), et qui double tous les vingt
ans suivant quelques statisticiens et tous les vingt-trois ans suivant d'autres, en comprenant l'immigration, et tous les vingt-
neuf ans par la procréation seule. En 1848, après la guerre avec
le Mexique, cette armée, qui avait été augmentée, fut réduite à
8,866 hommes à la conclusion de la paix, et la population était
alors de 22,000,000 habitants. Aujourd'hui, l'effectif total de
l'armée américaine s'élève à 12,926 hommes, pour une population de 25,000,000 habitants. Les fréquentes incursions et dé-
prédations des tribus indiennes, et l'immense étendue du pays
récemment annexé, ont motivé cette nouvelle augmentation
de l'armée de terre. La milice ou garde nationale est une organisation toute différente; il est inutile d'en parler ici. Enfin le
budget de la marine des Etats-Unis est le quart du nôtre!

Il ne faut pas s'abuser : — Organiser la force pour l'offensive, c'est renier le droit ; c'est s'exposer par ce fait seul à être dépouillé soi-même, sans appel possible, de tous ses titres à la liberté; c'est confirmer d'avance l'oppression, de quelque part qu'elle vienne. — Organiser la force pour une défensive éventuelle, au delà de ce que réclame la police intérieure, c'est transformer l'effet constant, réel et sain de la force morale, en énergie physique virtuelle que l'on concentre sans l'exercer, en agitation fiévreuse qui use le corps social; c'est affaiblir d'autant la valeur du droit. Tel est le point où nous en sommes depuis trente-six ans de paix générale. — Ne pas organiser la force armée, ou la détruire, ce qui se confond, c'est en conserver la puissance d'action, et non la dépenser mal à propos, pour écarter plus fermement le danger imminent. Ne confier la force à personne, sans sujet, c'est la remettre entre les mains de tous à l'heure du danger. Ce n'est plus porter atteinte à l'intégrité du droit, ni épuiser une force réelle dans la prévision d'un danger imaginaire.

Je m'attends à ce que vous allez me riposter avec Voltaire (Hist. de Charles XII, liv. II) « qu'il est ordinaire à des *troupes* attaquées dans leurs retranchements d'être battues, parce que ceux qui attaquent ont toujours une impétuosité que ne peuvent avoir ceux qui se défendent, et qu'attendre les ennemis dans ses lignes, c'est souvent un aveu de sa faiblesse et de leur supériorité. »

J'accorde ceci, sur un terrain égal, avec deux *armées* en présence, déterminées d'avance à *discuter* deux intérêts, deux principes, par la force. Je ne l'admets pas pour la force aux prises avec le droit. Car ici, attendre la force

matérielle est , non plus un aveu do faiblesse , mais bien
la conscience même do la puissance morale du droit, se
servant de la seule arme légale et efficace , la raison , jusqu'à épuisement de ressources. C'est au contraire après la
résistance passive et raisonnée que la défensive acquiert
d'autant plus d'impétuosité. — Dans le premier cas , ce
sont deux choses congénères soumises aux mêmes phéno-
mènes physiques , comme les lois de l'impulsion , le calcul du nombre, le poids des munitions, etc. : eux seuls dé-
cident. C'est une partie d'échecs avec des pièces pareilles
sur le même échiquier. — Dans le second cas , ce sont
deux puissances hétérogènes se contrariant par des lois et
des mouvements inconciliables. La balance qui pèse une
cartouche ne ressemble guère à celle qui pèse une idée. Et
laquelle de ces deux puissances l'a toujours emporté sur
l'autre , tôt ou tard ? Nier l'ascendant progressif du droit
bien compris , d'une idée régénératrice sur la force brutale , ce serait nier la civilisation tout entière. Si , en un
mot , vous acceptez la lutte de deux idées , de deux principes opposés sur le terrain commun de la force , il est évident que reculer ensuite , c'est faiblir. Le droit alors, il
n'est plus temps, ne peut servir de refuge ni d'excuse.

— Le second motif est que le désarmement mettrait
fin à la provocation sans cesse inhérente à la seule organisation d'une force armée, et constituerait dans ce cas à sa
place un appel à la conciliation et à la fraternité envers les
autres nations, une véritable proposition de paix franche
et ouverte. En même temps donc que cette fédération pacifique se rendrait plus redoutable , elle éloignerait les prétextes d'agression.

En désarmant, nous provoquerons la paix au lieu de la guerre; nous prendrons une noble initiative, que, si on ne la suit pas, on ne pourra blâmer, et qu'on n'aura aucune raison de combattre.

Ici, une objection naturelle se présente, quant à l'intervention.

Le principe de non-intervention, me direz-vous, que proclament les Amis de la Paix, ne serait-il pas une reconnaissance, une sanction tacite de la force? Car, en admettant que la défensive individuelle de l'Amérique, de l'Angleterre et de la France soit toute-puissante, en sera-t-il de même des autres Etats que ces grandes nations s'engagent à ne plus protéger, qu'elles se rendent incapables de protéger par l'absence de forces militairement organisées? Si ces Etats succombent, opprimés par la violence, que feront-elles? — Je réplique: Loin d'être une sanction, le principe de non-intervention est, après le désarmement, une condamnation des moyens violents. La force se légitime par la force; je l'ai dit, et cela est manifeste. Elle se condamne dans son principe par la résistance passive; et c'est ainsi, seulement ainsi, qu'on parvient à vaincre, avec l'habileté et la persévérance. On la déconcerte en déroutant sa tactique par une autre d'une sorte différente qui dépasse sa compréhension; on l'affaiblit en ne la laissant lutter, comme don Quichote, que contre des fantômes, dans les ténèbres, où elle frappe au hasard. Le droit, la liberté, c'est-à-dire le complément du christianisme, auront encore, à l'instar de la foi, leurs martyrs et leurs persécuteurs, autant qu'aujourd'hui et peut-être davantage. Mais s'ils triomphent, ce ne sera pas, non plus que la foi

n'a triomphé, par la force. Je dis donc: point d'intervention
armée. Chacun doit défendre son propre droit. Qui saurait
mieux en faire usage que ceux auxquels il appartient? La
foi en religion a prévalu sur l'idolâtrie; c'est le tour de la
raison et du droit, en politique, à l'emporter sur la force,
et aussi sur les préjugés superstitieux et barbares à l'état de
cendres mal éteintes. Lorsque le droit aura embrassé toutes les nations de l'Europe, le Congrès, la cour d'arbitrage,
sera l'unique juge, avec une cour d'appel. Jusque là, point
d'intervention armée, plus de force opposée à la force, si
ce n'est pour sa propre défensive, plus de guerre pour
avoir la paix. Il est à regretter que dans des questions
aussi délicates on en soit réduit à se retrancher dans un
semblant d'égoïsme; mais à qui la faute si, en ces matiè-
res, on a toujours en fin de compte gâté les affaires d'autrui avec les meilleures intentions? — Et en somme, pour
descendre du principe aux faits, que diront ceux pour lesquels le principe absolu de non-intervention est un obstacle sérieux au désarmement, lorsque je leur rappellerai les
guerres d'indépendance de la Pologne, de la République
romaine, de la Hongrie? Serait-ce, ou pour demeurer
neutres quand il faudrait logiquement intervenir contre
l'oppression, puisqu'on a des armées; ou pour opprimer à
son tour, après être restés neutres d'abord, ceux qui par le
hasard des combats ont secoué leur joug, que l'armée régulière d'un pays civilisé subsiste encore? Qu'ils répon-
dent, ou plutôt qu'ils se taisent.

Résumons. — Alliance commune pour la revendication collective du droit par les moyens pacifiques et légaux. Point d'intervention armée. Neutralité complète,

quant à la force, et scission d'avec tout Etat oppresseur,
par l'accord unanime des nations coalisées entre elles. Individualité de la défense par la force matérielle.

Vous continuez :

« 2° J'ai dit que le Congrès serait absurde. Quel serait en
effet son but ? Celui de formuler le code de l'ordre social. Et
vous croyez qu'un tel code sortirait d'un congrès formé des
éléments les plus hétérogènes, les plus contradictoires!
Quand il n'y a pas d'accord sur la *base rationnelle* de l'ordre
dans une seule nation, vous espérez que toutes les nations se
mettraient d'accord pour la formation d'un code de la paix ! »

Sur cette remarque, je me suis déjà expliqué précédem-
ment. Vous continuez à raisonner dans la même hypothèse,
c'est-à-dire celle d'un congrès qui s'établirait au milieu des
armées permanentes, et par suite asphyxié dès sa naissance
dans l'atmosphère du despotisme. Permettez-moi d'être
ici, de mon côté, aussi conséquent avec mes principes que
vous l'êtes avec les vôtres, monsieur, et même un peu
plus logique, peut-être. »

J'ai expliqué ce que les hommes de sens entendent par
la *base rationnelle* de l'ordre. Il est à regretter que tout
le monde ne soit pas d'accord sur ce chapitre. La vérité,
toutefois, bien qu'encore à l'état latent dans la pratique,
ce qui fait que certains observateurs superficiels se croient
en droit de la nier, n'en existe pas moins pour les esprits
clairvoyants.

— « Notre honorable président *, poursuivez-vous,

* M. Visschers, président du Congrès des Amis de la Paix
réuni à Bruxelles, en Septembre 1848.

a dit que l'opinion est le grand mobile de l'époque moderne. Mais voilà précisément pourquoi l'époque moderne est une époque d'anarchie. L'opinion qui triomphe obtient la sanction légale, elle se constitue en majorité et fait la loi. Quand une minorité devient majorité, l'opinion du parti victorieux détruit l'opinion qui commandait : ainsi *le règne de l'opinion devient tout à fait anarchique.* Si vous pouviez établir la domination de la raison, la guerre deviendrait impossible : telle serait la conséquence naturelle de l'organisation sociale par la raison. Mais si cette organisation est utopique dans l'intérieur d'une nation, elle l'est plus encore entre les diverses nations. »

Pourquoi conclure si tôt? Patience et réflexion! — L'opinion produite dans la force et sanctionnée par elle, vous avez raison, c'est l'anarchie; l'opinion dans le droit et par la discussion, c'est la loi du progrès.

Entre la force du sabre et celle des idées, choisissez.

Si nous étions, si nous pouvions être parfaits sur terre, les opinions deviendraient inutiles. Atteindrons-nous jamais à ce but? J'en doute. Nous en approchons continuellement plus ou moins vite; et certes, si nous y parvenons quelque jour, ce ne sera pas par la magie de la poudre à canon.

Avec l'abolition de la force, avec le suffrage universel, acquis et affermi, l'opinion, n'agissant plus sur le droit, ne peut plus nuire qu'aux intérêts. Pour ce qui regarde ces derniers, il faut une majorité, et implicitement une minorité. Chaque déplacement de la majorité par l'opinion, après la discussion libre, est nécessairement tantôt un pas de plus vers la perfection, tantôt aussi une erreur à laquelle il faut se soumettre jusqu'à sa rectification, sous peine de retomber dans le système de la force et de compromettre de nouveau tous les droits. Bien fou qui sacrifierait ou exposerait son droit pour une question d'intérêt ! Ce serait un aussi mauvais calcul que le troc d'Esaü se désistant de son droit d'aînesse pour une assiettée de lentilles. Les intentions de la majorité ne sont pas problématiques : elle a toujours en vue l'intérêt général. De quoi la minorité se plaindrait-elle donc lorsque la majorité se trompe sur ses propres intérêts, car qui est-ce qui en souffre tout d'abord ? — Voilà la seule idée logique, admissible : le contraire serait le monde renversé, la société marchant en arrière et sur la tête.

Chose étrange ! d'accord avec moi, vous criez bien haut que l'empire des opinions est l'anarchie dans la société actuelle, et ici encore vous frémissez devant l'application du remède, l'abolition de la force, qui est la source du mal ! —Pardon : j'oubliais que, suivant vous, la force est un des principes de l'ordre social. Mais alors, comment, de votre aveu même, l'anarchie des idées subsiste-t-elle malgré un si puissant correctif aussi bien appliqué ! Voici qui ressemble fort à une autre contradiction.

L'honorable président du congrès de Bruxelles n'avait pas tout à fait tort en son sens lorsqu'il parlait ainsi, même de l'époque actuelle. Il s'exprimait en homme appartenant à un pays qui touche à la liberté réelle ; et ce qu'il avançait serait aussi juste dans la bouche d'un citoyen des Etats-Unis. Peut-on en dire autant de la France ou de l'Angleterre ? — Malheureusement non. Après tout, M. Visschers eût-il émis ce sentiment en thèse absolue (ce que nous ne devons pas supposer un instant), que l'inadvertance d'un homme n'infirmerait point la vérité d'un fait, celui dont nous reconnaissons tous deux l'existence, sans pourtant nous accorder sur sa cause.

3° « J'ai dit que le résultat du congrès serait anarchique. Toute loi a besoin de sanction, d'un appui moral pour être respectée : les décisions du congrès ne seraient acceptées qu'à la condition d'être respectées ; ou bien il faudrait que l'humanité fût forcée d'obéir par cela seul que la décision viendrait du congrès.

« Sur quelle base reposerait votre autorité, quelle sanction aurait la volonté des nations? Car la volonté est variable ; et lorsque les délégués n'agissent pas en rapport avec les intérêts de leurs commettants, ils sont renvoyés, des révolutions éclatent et les Congrès sont dissous. Votre congrès *mènerait donc à l'anarchie*, ou à un despotisme d'autant plus fort, qu'il serait inspiré par la volonté *supposée* générale. »

— La volonté des nations aurait pour sanction la majorité des membres du Congrès, délégués par le suffrage libre et universel de chacune d'elles. — Je me renferme encore ici, comme partout, bien entendu, dans l'hypothèse du désarmement accompli ; après quoi, comme il a été prouvé, la volonté n'est plus *supposée*, mais *effectivement* générale : il n'y aura plus à se méprendre, pourvu que l'on sache se compter.

La volonté est variable, dites-vous : c'est un axiome que je ne conteste pas. Mais un homme se suicida-t-il jamais parce que ses commis ne suivaient pas ponctuellement ses instructions? Pourquoi des révolutions éclateraient-elles? Est-ce que la majorité des membres de l'assemblée nationale de France, du parlement anglais et du congrès des Etats-Unis, membres issus du suffrage universel, ou plutôt *national*, c'est-à-dire de la totalité respective des citoyens de ces différentes nations, est-ce que cette majorité qui nommerait ses mandataires n'aurait pas le pouvoir de ratifier ou d'annuler leurs actes? Et lui serait-il interdit de révoquer et de remplacer ces mêmes délégués? Liberté de choisir comporte, que dis-je? implique expressément ici liberté de changer. Puis, chaque nation n'est-elle pas souveraine quant à ce qui la concerne, et alors qu'a-t-elle à craindre? — Ensuite, la Constitution française (puisque nous en avons une) consacre bien, en toute justice, pour elle-même le droit de révision de ses articles fondamentaux. Pourquoi n'en serait-il pas ainsi du pacte d'arbitrage et de toute décision du Congrès? C'est précisément parce que la volonté est variable, et la raison humaine faillible, qu'il convient de stipuler sur la révocation, d'un côté, et sur la révision, de l'autre. Les commissaires, nommés pour un temps indéterminé, seraient toujours révocables. Tant qu'ils conserveraient la confiance de leurs commettants, ils conserveraient leurs fonctions; au cas contraire, il leur faudrait résigner. Le contrôle des actes publics fait partie de la mission des élus du peuple : il suffit pour cela d'un vote; et pour moi, je n'y vois aucun risque.

Un mot, avant de nous séparer, sur la question économique. Je ne puis me dispenser ici d'une digression, sous

poine do laisser une large trouée par laquelle vous ne man-
queriez pas de vous échapper.

Qu'il soit établi entre nous, en passant, que je regarde la pacification comme une question uniquement politique. Ce qui est cause que l'on nous traite d'utopistes,
c'est l'abus du sentimentalisme et de l'enthousiasme poé-
tique, ce ténia de l'intellect, comme aussi l'attachement
servile à la lettre du christianisme, dans lesquels sont
tombés quelques esprits légers et par trop impressionna-
bles. — La philosophie logique de l'évangile et le sentiment raisonné : voilà la ligne de conduite et les guides de
tout apôtre sincère et réfléchi de la paix. Examinons donc
si le désarmement doit précéder ou non la réforme sociale
dans l'économie, si urgente, et cependant si tardive. Car,
selon moi, la paix durable entraîne la réconciliation du
capital et du travail. Afin d'établir la paix internationale,
avant même d'y songer, il faut commencer par affermir la
paix dans l'intérieur de chaque nation, par éteindre les
guerres civiles en organisant le travail. Eh bien! je pré-
tends que cette organisation, pour être prompte et sûre,
veut le désarmement préalable.

J'ai en ce moment sous les yeux une longue lettre,
signée de M. Jules Lechevalier, et adressée au jour-
nal américain *New-York daily Tribune* du 12 oct. 1850,
dans laquelle on lit : * — « Quoi qu'il en soit, Lamartine, dit-on, fit un excellent discours devant le comi-
té des Amis de la Paix; et ce qu'il y a de mieux encore,

---

* Je retraduis de l'anglais, le texte en cette langue étant le
seul que j'aie en main.

c'est que l'idée fondamentale de ce discours fut que la
véritable question de la paix n'était pas simplement la
paix internationale, mais la paix dans le sein de chaque
nation entre le riche et le pauvre, entre les capitalistes et
les travailleurs. Lamartine déclara que cette question se
présentait aujourd'hui par toute l'Europe, et qu'il n'y aurait aucune méthode de pacification en tant qu'elle ne serait pas résolue par le procédé conciliant de la science,
par la puissante action morale de la religion, et par l'initiative du Congrès de la Paix lui même ». . . . . . .

« C'est un fait singulier que le Congrès de la Paix *n'ait
pas voulu voir jusqu'ici* que la paix civile dans l'intérieur
des états est la cause première du maintien de la paix entre les nations, et que la pacification de l'Europe est un
rêve aussi long-temps que les gouvernements auront plus
besoin de leurs soldats pour réprimer l'insurrection que
pour défendre leurs frontières. »

Est-ce clair? Les Amis de la Paix, tranchons le mot,
commencent par la fin. Il ne leur manque plus qu'une ma-
rotte, une jaquette et des grelots pour avoir l'air de ce
qu'ils sont. Vous l'entendez, monsieur : le même reproche
que celui que vous leur adressez dans votre brochure. —
Malgré cela, je persiste à le répéter, commençons par le
désarmement, pour être sensés.

Le congrès ne peut prendre maintenant l'initiative de
l'organisation du travail. Une telle initiative de sa part,
une telle idée pratique, ne naîtrait pas aussi *utilement*
avant le désarmement qu'après: au lieu de hâter le résultat, elle le retarderait en compliquant l'action.

Il n'est que deux voies : ou attendre que chacun se

mette à la besogne, avec le temps, en dépit de la force matérielle, qui sera alors subjuguée par l'extension voulue de la science; ou bien, plus promptement encore : soit par la force d'inertie, autrement dit résistance passive, soit par l'abdication volontaire de la force brutale, éclairée, persuadée sur les principes, apprivoisée, pour ainsi dire, au lieu d'être effarouchée et étourdie par la concomitance des détails.

Qui sait si le congrès lui-même ne serait pas taxé de séditieux et traité comme tel ? Il mériterait pour le moins l'épithète de maladroit et d'imprudent, à mon avis.

D'ailleurs, l'initiative de l'organisation du travail venant d'en haut est une question de bonne foi; et il n'y a pas de bonne foi lorsqu'on reste armé : la défiance provoque la défiance.

Si un tel effort de la part du Congrès n'était que superflu, je ne le combattrais pas ; mais il serait préjudiciable: le conseiller serait injuste et irrationnel.—Pourquoi susciter des obstacles, par une complication qui, après le désarmement, se simplifiera par la discussion générale, comme la neige fond au soleil ?

La question du désarmement tire à sa solution. Patience! patience ! Après cette solution, mais après seulement, le premier corollaire : l'organisation du travail. Ce n'est pas le tout d'avoir des idées saines; il faut encore y mettre de l'ordre, de la suite, pour que leur action soit efficiente.

Passons aux faits matériels, pour juger plus aisément. — Vous désirez l'organisation du travail : bravo ! moi aussi. Elle n'aura lieu que par ou dans le système de la force, ou bien sans la force : point de milieu. Lequel de ces deux modes est le plus avantageux ? C'est à cela que se réduit la question.

Je vous demanderai donc : — Désirez-vous une orga-nisation improvisée à la hâte, fruit précoce de la peur et de l'irréflexion, entre le flux et le reflux de l'opinion agitée par la force des baïonnettes, entre un coup de main et une réaction violente en proportion; ou la voulez-vous dans le calme nécessaire à la méditation? Consentiriez-vous en-core, en un mot, à laisser perpétrer un acte de vandalisme empirique comme celui des ateliers nationaux, plutôt que d'ouvrir un champ libre à la science ? Non, je ne le crois pas : car vous seriez sûr d'avance qu'il n'aboutirait qu'à de nouvelles journées de juin, à de nouvelles boucheries, à de nouvelles transportations, à de nouveaux exils, à un despotisme plus fort, à l'état de siége et peut-être pis !... Ne doit-on pas s'attendre à tout quand la force possède, avec la sanction du consentement unanime, l'autorité suprême? Si la discussion, menée alors au pas de charge de la réac-tion, eût au contraire eu le temps de luire sur le principe des ateliers nationaux, elle en eût assez montré la hideuse absurdité pour n'inspirer que le dégoût ! — Soupirez-vous après une seconde tentative de fonder une banque d'é-change, qui eût pu réussir à la première, si la force n'eût en-travé la liberté de la presse *, — la presse quotidienne, uni-

* De ce que j'appelle liberté de presse, je discerne ce simu-lacre dérisoire tel qu'il existe en Angleterre, et dont on fait tant de bruit. On aurait grand tort de l'assigner comme témoin à charge contre le progrès lent.—La liberté d'exprimer sa pensée, partie intégrante du droit, *exempte du fisc*, comme libérée de la

que organe de l'éducation politique à la portée des moyens
du peuple ? La force vous accorderait-elle aujourd'hui
plus de latitude qu'autrefois? Le nombre des adhérents serait-il moins restreint, serait-il suffisant? Le principe et la
chose seraient-ils assez répandus, assez élaborés? Alors, que
ne réitérez-vous l'épreuve si vous êtes certain de la réussite ?
Organisez tout de suite le travail au sein de la force, et vous
serez conséquent, et vous pourrez qualifier d'insignifiante la
question du désarmement. Qui vous arrête, et que voulez-
vous enfin? Dites-le, et surtout agissez.

Aberration bizarre ! Il n'y a que le désarmement capable de remettre à flot votre barque engravée, par l'influence
européenne du Congrès, qui s'accroît chaque année, et
vous condamnez l'œuvre de ce Congrès, vous rejetez ses
moyens et son but !— Observez néanmoins ici que je ne dé-
fends pas plus le Congrès (qui n'a pas besoin de cela) que je
ne vous attaque. J'essaie d'éclairer la question, rien de plus.

Il faut une fois pour toutes en finir avec les moyens
violents. Ils mènent alternativement les hommes du pou-

force, est la seule que j'appuie. — M'objectera-t-on encore l'U-
nion Américaine, où, malgré la liberté réelle de la presse, la
société n'est pas assise sur sa base naturelle? Mais pourquoi
m'arrêterais-je à cette objection ? Vous êtes trop bon économiste,
monsieur, pour me la faire, et pour ne pas voir par vous-même
la différence qui existe entre les conditions d'existence du Nou-
veau-Monde et celles de l'Ancien. Il suffirait que les effets d'une
économie basée sur de faux principes commençassent à se faire
vivement sentir pour que la liberté politique aux États-Unis
conduisît sans entraves à une meilleure organisation sociale :
Ce serait assez que l'idée en fût émise pour qu'elle se dévelop-
pât et passât aisément de la théorie à la pratique.

voir à l'exil et de l'exil au pouvoir. Pendant ce temps, que deviennent la liberté et le progrès?

Le désarmement sera le premier acte de conciliation entre le capital et le travail. Sans lui, cette conciliation et l'organisation du dernier seront différées. Le désarmement n'achèvera pas l'ouvrage de la science ; mais il facilitera et accélérera l'accomplissement de cet ouvrage.

Le désarmement, au point de vue économique, conduit au droit à l'assistance *provisoire*, général et complet, non plus insuffisant, partiel et *permanent* comme aujourd'hui, en attendant que la science organise le droit au travail. De grâce conférée, l'assistance devient droit acquis, tr nsitoirement. La discussion libre fera le reste. *

Je préfère le droit au travail au droit à l'assistance, à l'oisiveté; mais j'aime mieux le droit à l'assistance que le droit aux barricades. Entre le travail, la paresse, ou une mort certaine par le plomb ou la misère, il n'y a pas à hésiter : je n'hésite pas. — Au dessus de la charité, cette vieille vertu des sots lorsqu'on l'érige en principe économique, tandis qu'elle n'est qu'un expédient pour parer, après l'insuffisance de l'épargne, aux caprices tyranni-

* J'ai dit qu'après l'abolition de la force, la discussion ne porterait plus sur les droits: sur les droits ordinaires, purement théoriques, s'entend. Ici pourtant elle est malheureusement nécessaire, d'après la nature toute scientifique du droit au travail. Mais il faut se décider entre la discussion (puisqu'elle est inévitable) libre en dehors de la force, laquelle discussion est une assurance contre les erreurs et les temporisations, et la discussion étouffée ou affaiblie par la force, qui est exposée à ces mêmes dangers.— Je choisis le plus sûr et le plus prompt, et je crois en cela bien faire.

ques de la nature ; au dessus de la charité, dis-je, je place l'équité, qui est la vertu de l'intelligence. Mais donner au pauvre du pain et du feu, pendant que l'on s'occupe de concert avec lui de sa part légitime au soleil, est une transaction plus humaine que de lui envoyer des balles lorsqu'il se plaint de la faim et du froid.

De deux maux résignons-nous au moindre, lorsqu'il nous est impossible d'éviter l'un et l'autre. — Vous vous en tenez au pire ; moi, je me fixe au moins douloureux.

Pourrait-on excuser celui qui blâmerait les autres de n'avoir pas trouvé la solution cherchée par tous, lorsque lui peut, comme tous, la chercher et la publier s'il l'a trouvée ? Tous la chercheraient, n'en doutez pas, sans penser à mal. Je ne comprends pas, je l'avoue, cette épouvante en certaines gens, qui leur fait comparer le désarmement dans un pays civilisé à une sorte d'émancipation des noirs passant brusquement du fouet à une liberté qui ne peut que dégénérer en licence et en désordre, et de l'esclavage à la vengeance. Ceux que nous aurons toujours à craindre, avant comme après le désarmement, c'est-à-dire la lie de la populace qui ne veut pas travailler et ne peut pas s'instruire, sont en fort petit nombre, et la police actuelle de chaque État serait plus que capable de les contenir. L'air sain d'une société nouvelle qu'ils respireraient, société basée sur le travail, les moraliserait d'ailleurs peu à peu ; ce n'est que la misère, et ensuite la prison, qui les ont corrompus et infectés, pour la plupart, de la fainéantise et des vices qu'elles entraînent. Ensuite, il est une autre considération. L'Académie a souvent mis au concours des

questions futiles : qui empêcherait que l'on proposât
aux économistes, en vue d'une récompense nationale,
la plus belle question des temps modernes , celle de
la véritable organisation de la morale universelle par
le travail? — Et une fois découverte, discutée, acceptée
sans contradiction possible, acceptée même par la minorité, cette solution acquiert toute la puissance d'action
d'un droit reconnu, incontesté. Et notez bien ceci : si le
droit au travail est plus difficile à organiser que tout autre
droit, s'il exige plus de temps et d'étude avant d'être
formulé, il est aussi celui dont l'évidence une fois comprise
et précisée est la plus incontestable, par cela même qu'elle
s'appuie sur la science positive, et non sur la théorie, qui
prête davantage aux raisonnements captieux.

Soyez tranquille! au droit à l'assistance, résultant de
l'abolition de la force armée, succédera bientôt l'organisation du travail. Faire une pareille concession, c'est, sinon reconnaître le droit, au moins s'y soumettre; il est
trop tard ensuite pour reculer. Les forces militaires organisées sont désormais de ces institutions qui subsistent
par l'apathie jointe à l'habitude, mais qui, une fois dé-
truites, ne se refont pas facilement. Il n'y a plus alors à
tergiverser : pour la première fois, on verra se réaliser les
promesses.

Il faut changer au plus vite la base de notre système
économique, à tout prix, même au prix de la force. Que
ceux qui ont la force pour eux ne se bercent point d'illu-
sions; qu'ils tremblent : un jour les surprendra, qui n'est
peut-être pas éloigné, où, pour n'avoir pas organisé le
travail, ils subiront la spoliation! Qu'ils prennent ceci

comme avis, s'ils me lisent, non comme menace. Qu'ils
en profitent sans s'en offenser : mes lettres n'auront pas la
publicité d'un Congrès. — Avec le système de la force la
misère augmentant, nous arriverons insensiblement, mais
fatalement, j'en ai peur, avant que la science, lente sous
ce régime, n'ait eu le temps de s'interposer, à une nouvelle économie sociale, légitimée uniquement par le droit
des représailles ! Comment la nommeriez-vous, monsieur?
Ne serait-ce pas faire expier durement au capitaliste, dans
sa personne, la tradition originelle d'un faux principe, ou
au moins d'une fausse application?

— « La propriété, c'est le vol », a-t-on dit dans un
parti auquel (sauf la discrétion due aux convictions per-
sonnelles) vous appartenez, si je ne me trompe. Ce n'est
pas ici le lieu d'entrer dans la discussion épineuse de cette
maxime d'un socialiste éminent, et dont M. Thiers lui-
même s'est fort mal tiré, ou dont, pour mieux dire, il n'est
pas sorti ; mon intention est, au contraire, de l'admettre,
sinon par épitrope, du moins par utilité de circonstance,
pour en faire ressortir plus visiblement encore, s'il m'est
possible, l'inconséquence de vos réflexions sur la paix *.

Que diriez-vous d'un homme que vous accuseriez de
vous avoir volé, et qui vous imposerait silence le
pistolet sur la gorge? Vous diriez avec raison qu'il agit de
manière à corroborer vos suspicions. Eh bien ! pourtant,

*Remarquez, entre parenthèses, que le principe énoncé admis
par vous contrasterait encore singulièrement avec vos notions
d'ordre et d'anarchie, dont je crois avoir déjà fait bonne justice
dans ma première lettre.

c'est cette conduite que vous défendez de toute la vigueur
de vos poumons, en vociférant contre le désarmement !
— Mais si ce même homme vient à vous, sans armes,
et qu'il vous dise : « Mon ami, vous prétendez que je
vous ai volé? nous allons éclaircir tous les soupçons, tous
les doutes, en réglant franchement et publiquement nos
comptes ensemble; je vous promets de vous indemniser si,
contre mon gré, je vous ai fait du tort. » Ne diriez-vous
pas avec raison que cet homme en use envers vous comme
la probité l'ordonne, et qu'il est digne de votre estime?
Eh bien ! pourtant, c'est cette conduite que vous censurez,
en dressant un procès-verbal foudroyant contre les amis
de la paix !

Désarmer avant de penser à discuter : voilà ce que de-
mandent les avocats logiques de toutes les réformes sociales.

Un dernier mot, et je termine. Le droit au travail est,
sans contredit, de tous les droits le plus important, celui
qui les résume tous; c'est une question de vie ou de mort :
nous devrions donc, me diront quelques uns, commencer
par organiser ce droit, pour obtenir ensuite les autres,
moins importants et moins pressés; par là, nous éviterions
le *chaos.* — Je vous ai bien compris, monsieur, dans tout
le cours de votre ouvrage, et si je n'arrive qu'ici seulement
à votre idée fixe, c'est parce que je ne lui attribue pas
tout à fait la valeur qu'elle a pour vous. Vous êtes économiste malgré tout, peut-être; moi, je ne le suis que quand
il le faut. Dans cette discussion, la question politique m'a
paru mériter la préséance sur la question économique : je

la lui ai donnée. J'ai traité en premier l'idée de la liberté
absolue, comme lemme indispensable pour l'achemine-
ment mathématique vers toute solution. S'il vous a plu
d'encourir le reproche même que vous adressez aux Amis
de la Paix, c'est-à-dire de commencer par la fin, je n'y
puis rien : je vais droit mon chemin, voilà tout. Ecoutez,
maintenant : — Organiser le travail dans la force, c'est
prendre le chemin le plus long : le désarmement est le plus
court. Organiser le travail par la force est une spoliation;
je ne m'y arrêterai pas. Vouloir essayer de rendre les deux
routes, la compression des idées et la discussion libre,
égales en longueur, est une utopie, plus encore, une contradiction. Chercher à organiser le travail avant d'avoir
désorganisé la force et organisé la liberté, c'est laisser à la
science le moins de place possible et la faire dépendre entièrement du hasard. Car, puisque vous souhaitez conserver
la force brutale, plus propre, suivant vous, que la liberté
à couver et à faire éclore la raison; que vous n'admettez
pas plus son assujettissement par la force d'inertie, que
son abdication volontaire en faveur du droit et de la liberté, il ne nous reste qu'un moyen : c'est de ruser avec
elle en faisant la contrebande des idées; la presse actuelle
en est réduite à ne pouvoir agir d'une autre façon, ainsi
que les réunions politiques non *timbrées*. On suit votre
système; mais, je vous le demande, quel bien a-t-il jamais produit? C'est ce que j'appelle aller en zig-zag, à
tâtons, comme un ivrogne ou un aveugle.

J'ai dit que dans l'ordre des choses vous marchiez à con-
tre-pied, que vous commenciez par la fin; je m'explique.

—Le droit au travail, empruntant plus à la science positive qu'à la métaphysique, ne peut provenir que du libre
usage de nos facultés et de nos mouvements, tels que ceux
de communication d'hommes et d'idées, etc., que des autres
droits naturels, en un mot. Les autres droits sont au droit
au travail ce que les matériaux et les instruments sont à
un édifice. Et si la violence comprime les premiers, si né-
cessaires à l'organisation de celui-ci, n'emploiera-t-elle
pas *à fortiori* tout son pouvoir pour le paralyser? Ou
bien, si les privilégiés par la force consentent à reconnaître
ce droit, les armées deviennent une institution inutile,
pernicieuse, hypocrite; et je n'en suis que plus fondé encore ici, de même qu'envers et contre toutes les objections
imaginables, à crier par dessus les toits : Le désarmement! le désarmement! Résistance passive ou abdication
volontaire, n'importe; mais vive la liberté!

Pour conclure, je ne vois que deux classes qui repous-
sent le désarmement :

1° Ceux qui tiennent à tout hasard à garder des privi-
léges hissés sur des empiétements successifs, et acquis par
l'abus de la force aux dépens du droit; 2° la classe opposée, celle des faux socialistes qui brûlent d'avoir leur
tour et leur portion dans la grande exploitation du genre
humain, et par la même voie. Despotisme d'en haut ou
despotisme d'en bas : voilà à quoi ont toujours servi les armées permanentes; voilà à quoi on les destine encore, et
dans quel but elles sont entretenues à si grands frais! Ce qui
incite à la force, c'est l'égoïsme ou l'ignorance. Réaction
aristocratique ou Terreur : des deux côtés, les besoins de

l'époque mal compris ; les derniers restes de l'esprit de parti. —Ecoutez! je vous le dis en conscience : — les deux factions extrêmes s'usent l'une et l'autre chaque jour par l'abus des moyens violents. L'une succombe sous le poids des années , et par l'excès de la pratique ; l'autre , encore à l'état de fœtus, se condamne d'avance, par l'excès de ses théories. Avant de s'éteindre, elles agiteront probablement les esprits, comme par le passé, et troubleront de nouveau l'ordre matériel par les révolutions : elles ne convaincront pas plus qu'elles ne réformeront. — Entre elles sont les socialistes de *raison*, partisans du droit et de la liberté contre la force, de la plume contre l'épée. Ceux-là , croyez-le , n'en sont pas moins experts dans l'art de guérir les maladies et les infirmités sociales , pour ne pas être prosélytes du système Sangrado : la phlébotomie pour unique panacée.

Quant à vous, monsieur, je ne vous classerais pas sans scrupule dans l'une ou l'autre de ces catégories. Vous n'êtes pas au fond, j'en ai la foi sincère , pour le despotisme, de quelque part qu'il vienne. Votre plume vous a trahi, voilà tout. Peut-être avez-vous seulement voulu jouer au sophisme. Ne touchez pas à ces choses-là , monsieur : ce n'est ni prudent ni sage, en général, et il est surtout dangereux de les faire servir d'affût aux armes à feu. Cela ne vous arrivera plus, j'en suis persuadé. Restons-en là pour cette fois. Nul doute que le Congrès de la Paix n'ait dès ce moment vos sympathies. Je vous abandonne volontiers la gloire entière de votre conversion, de laquelle je ne réclame que ma part de satisfaction, et sans remercîments.

Visitez Londres cet été, et mêlez-vous au cortége du Congrès. Vous y gagnerez, monsieur ; et nous, nous comp-
terons dans nos rangs un talent de plus.

Recevez, monsieur, etc.

FERDINAND GASC.

Ce que coûte la paix armée en Europe. — Au dernier Congrès annuel, qui se tint à Francfort, M. Cobden lut l'extrait suivant d'une lettre écrite par M. le baron Reden, le statisticien le plus consommé de l'Allemagne : — « Le nombre d'hommes actuellement employés au service militaire, tant de terre que de mer, en Europe, n'est pas moins de 4,000,000. La population de l'Europe est de 267,000,000 d'habitants, dont 128,120,000 mâles. Et après avoir retranché de ce dernier nombre ceux qui sont incapables de servir, la moitié de la différence (la fleur du peuple, entre 20 et 33 ans) se trouve engagée dans les milices. La valeur moyenne d'une année de travail peut être cotée à 9 livres sterling [*], et ainsi, en soustrayant 4,000,000 d'hommes à leurs occupations ordinaires, la perte de produit serait de 36,000,000 liv. sterl. (900,000,000 fr.). A ceci on peut ajouter diverses sommes déboursées et se rattachant à cette même perte, ce qui formerait un total de 117,150,000 liv. sterl. (2,928,750,000 fr.), ou près d'un tiers du montant de tous les budgets des gouvernements européens. Les frais de guerre pendant les trente dernières années ont été de 243,500,000 liv. sterl. (6,087,500,000 fr.). »

Tous ceux qui se tiennent au courant des principales publications du jour savent que M. Michel Chevalier a émis, sur la question du désarmement et de la paix, des idées lumineuses, dans les numéros du 1er février et du 15 mars 1848 de la *Revue des deux Mondes.* Ces articles sont tellement connus que je me bornerai à renvoyer pour les chiffres le lecteur de courte mémoire aux pages 523, 533 et 535 dans le premier des numéros précités, et à la page 1083 dans le second.

[*] La livre sterling vaut, comme on sait, environ 25 francs.

137 — Paris, Imprimerie de Guiraudet et Jouaust, rue Saint-Honoré, 338.

137 — Paris, Imprimerie Guiraudet et Jouaust, rue S.-Honoré, 338.